RÈGLE DU TIERS-ORDRE

DE

Saint-François d'Assise.

CHAMPFLEUR.

MONASTÈRE DE L'IMMACULÉE-CONCEPTION.

1892

RÈGLE DU TIERS-ORDRE

DE

Saint - François d'Assise.

CHAMPFLEUR.

MONASTÈRE DE L'IMMACULÉE-CONCEPTION.

—

1892

BULLE

DU

PAPE LÉON X.

A nos bien-aimés *fils les Frères
et Sœurs du Tiers-Ordre de
Saint-François, qui vivent en
Congrégation sous les vœux
essentiels.*

Léon Pape, dixième du nom.

Bien-aimés Fils et Filles, Salut
et Apostolique bénédiction. En-

tre les choses qui sont de notre juridiction et soumises à notre autorité, celles qui contribuent à détruire les concupiscences de la chair et du monde et à rétablir dans les cœurs l'innocence et la paix qui nous ont été données du ciel, excitent particulièrement nos soins et notre vigilance.

A cet effet, il y a déjà longtemps que Nicolas IV, notre prédécesseur d'heureuse mémoire, confirma et approuva la troisième Règle de Saint-François, qu'il appela *de pénitence*, par laquelle ce grand confesseur, plein de l'esprit de Dieu, désirait sauver tous les fidèles de l'un et de l'autre sexe.

Mais, comme par la suite des temps, non seulement des personnes mariées et habitant le siècle pour lesquelles la dite Règle avait été faite par saint François, mais encore des chœurs innombrables de Vierges inspirées du Saint-Esprit, se sont soumis à cette troisième Règle, y ont fait les trois vœux essentiels, et plusieurs même celui de clôture, et ont par notre autorité bâti des monastères avec

beaucoup de fruit et d'édification
pour l'Église militante ; comme
il y a dans cette troisième Règle
certaines choses qui ne con-
viennent qu'aux personnes en-
gagées dans les liens du mariage
et peu convenables au célibat et
à l'état de virginité, et capables
d'éloigner les saints désirs des
âmes chastes de l'entrée dans
cet Ordre : Nous, séparant, selon la volonté de Dieu, ce qui
est précieux de ce qui est vil,
confirmons de nouveau et ap-
prouvons cette troisième Règle
distincte de la manière suivante,

et vous l'envoyons à vous et à vos successeurs pour être observée.

En voici la teneur :

CHAPITRE I.

Des conditions pour recevoir ceux et celles qui se présentent à l'Ordre.

Les Frères et les Sœurs qu'on recevra en ce troisième Ordre doivent être fidèles catholiques, non suspects d'hérésie, fermes dans l'obéissance de l'Église romaine, libres des liens du mariage, exempts de dettes, sains de corps, prompts d'esprit, non souillés d'aucune vulgaire infamie, réconciliés avec le prochain, et doivent être diligemment examinés sur toutes ces choses avant d'être reçus par celui qui a le pouvoir de les recevoir.

CHAPITRE II.

De là Profession et des Vœux de cet Ordre.

Les Frères et les Sœurs, après avoir porté un an entier l'habit de probation (lequel doit être de drap vil au jugement du visiteur), si la conversation a été édifiante dans la couvent où ils l'auraient reçu, et d'après le conseil des discrets du monastère, seront reçus à la profession dudit Ordre. Ils s'engagent par cette profession à garder les commandements de Dieu et à satisfaire aux transgressions qu'ils pourraient à l'avenir commettre contre cette troisième Règle, lorsqu'ils en seront requis par les supérieurs, et vivront en obéissance, en pauvreté et en chasteté.

CHAPITRE III.

Du jeûne et de l'abstinence.

Que les Frères et les Sœurs s'abstiennent de manger de la

viande les lundi, mercredi, ven-
dredi et samedi, excepté le jour
de la Nativité de Notre-Seigneur.
Qu'ils soient obligés de jeûner
tous les mercredis et les vendredis, depuis la fête de tous
les Saints, jusqu'à la Résurrection de Notre-Seigneur, comme
aussi tous les vendredis de
l'année. De même que, depuis la
fête de saint Martin jusqu'à la
Nativité de Notre-Seigneur, ils
jeûnent tous les jours, ainsi que
le Carême de l'Église universelle
jusqu'à la Résurrection de Notre-
Seigneur, qu'ils commenceront

à la Quinquagésime. Quant aux jours qu'on ne jeûne pas, qu'ils mangent seulement deux fois le jour, si ce n'est que depuis la fête de Pâques jusqu'au mois d'octobre, ceux qui sont employés à des travaux durs et pénibles pourront manger trois fois le jour, exceptant toujours les jours de jeûne. Mais ceux qui voyagent, ceux qui sont infirmes ou faibles pourront rompre le jeûne en temps de nécessité.

CHAPITRE IV.

Du silence, de l'office divin, de l'examen de conscience, de la messe, de la prédication, de la confession, de la communion.

Que les Frères et les Sœurs gardent le silence dans l'église et particulièrement pendant la sainte messe, ou la prédication de la parole de Dieu. Dans les autres lieux, qu'ils le gardent comme il sera ordonné par leurs supérieurs. Ils doivent aussi chaque jour, au soir, entre eux et Dieu, examiner ce qu'il auront fait, dit ou pensé. Ils doivent aussi entendre la messe chaque jour, s'ils le peuvent commodément, et tâcher d'avoir un religieux exemplaire, pour leur annoncer, à certains jours, la parole de Dieu et les porter à la pénitence et à l'exercice des vertus.

Ceux et celles qui savent dire les Heures Canoniales, doivent les réciter selon l'usage de la la sainte Église romaine. Ceux qui ne les sauront pas diront

pour Matines douze *Pater noster*
et pour chacune des àutres
Heures, sept, ajoutant le *Gloria
Patri* à la fin de chaque *Pater*,
et *Credo* et *Miserere mei Deus*,
au commencement de Prime et
de Complies ; qui ne les saura
pas, dira trois fois *Pater noster*
pour pénitence ; et toutes les
fois qu'ils prendront leur repas
ou de la nourriture, ils rendront
grâces à Dieu. Quant à la Confession sacramentelle et à la
Communion, ils observeront les
ordonnances faites par le Pape,
Nicolas IV, qui portent de se

confesser et de communier trois
fois par an, ou bien ils garderont
et observeront les constitutions
de leurs supérieurs à cet égard.

CHAPITRE V.

Des offices et élections
des supérieurs.

Chaque maison ou monastère
aura un supérieur de cette fraternité. Si le monastère est pour
les hommes, le supérieur sera

appelé Ministre local; s'il est pour des religieuses, la supérieure sera appelée Mère. Les supérieurs seront élus par les couvents ou institués par les supérieurs provinciaux ou visiteurs généraux, de manière pourtant que leurs offices ne soient pas perpétuels, mais pour un temps limité. Les Ministres et les Mères obéiront, dans les choses qui regardent cette Règle, aux Ministres provinciaux de l'ordre des Frères mineurs de Saint-François et aux visiteurs députés par eux, tout le temps qu'ils seront en charge. Mais quant aux autres offices intérieurs, ils observeront leurs constitutions.

CHAPITRE VI.

De la manière de converser tant au dedans qu'au dehors des couvents.

D'autant que les Frères et les Sœurs de cet ordre sont appelés *de la pénitence*, il convient qu'ils évitent toute curiosité, tant en leurs vêtements qu'en toutes autres choses, et selon le salutaire conseil du Prince des Apôtres, ils doivent fuir toute vanité, abandonnant les vains et curieux ornements de ce monde, sans avoir sur eux rien de superflu, mais seulement le vêtement humble et nécessaire. Ils se doivent bien garder de fréquenter les cours des princes, des seigneurs, des dames, ainsi que les lieux, où, selon le témoignage de Notre-Seigneur, se trouvent les délicatesses de ce monde. Ils se garderont aussi d'assister jamais aux danses, aux jeux, aux représentations données par des bouffons et charlatans. Ils s'efforceront également d'être tempérés et discrets en leurs paroles et discours, qui ne peuvent être multipliés sans péché ; et surtout ils n'useront jamais de mensonges ni de jurements selon le commandement de Notre-Seigneur, si ce n'est pour la paix, la foi, la calomnie et rendre témoignage. Et tous les jours, au soir, ils examineront, entre autres choses, s'ils ont fait quelques mensonges ou jurements ; et pour chacun d'eux, ils diront trois fois *Pater noster*.

CHAPITRE VII.

De la visite et du soin des malades.

Quand un Frère ou une Sœur de cette fraternité tombe malade, le Ministre ou la Mère du Couvent ou du Monastère est obligé, par soi ou par une autre personne, de le visiter au moins une fois le jour et de lui fournir sur les biens communs tout ce qui lui est nécessaire ; surtout qu'il exhorte le malade à recevoir la pénitence en se convertissant à Dieu de tout son cœur, et qu'il lui remette devant les yeux l'heure prochaine de la mort, la sévérité du jugement de Dieu, et en même temps l'inépuisable trésor de la miséricorde divine.

CHAPITRE VIII.

De la visite des Frères et des Sœurs à laquelle les Prélats sont obligés.

Le Ministre provincial des Frères mineurs, ou le Visiteur

de cet ordre, à qui la charge en aura été donnée, visitera une fois l'année seulement, chaque couvent en présence des anciens de la famille ; et, après la visite, il ne doit entrer ni dans l'intérieur ni dans les offices du couvent. Le visiteur ne demeurera jamais seul et séparé avec quelque Sœur. Or, les Ministres et les Mères feront connaître au visiteur les défauts qui méritent d'être corrigés ; les autres Frères et Sœurs y sont également tenus. Que s'il s'en trouve quelques-uns ou quelques-unes incorrigibles, après qu'on aura pris le conseil des discrets ou des discrètes, ils seront chassés de la Congrégation comme brebis galeuses pouvant perdre le troupeau.

CHAPITRE IX.

De l'Office des Morts.

Après qu'un Frère ou une Sœur aura quitté cette vie, le Ministre ou la Mère aura soin de faire célébrer solennellement ses obsèques, auxquelles devront assister personnellement tous les Frères ou Sœurs de la maison où aura lieu le décès ; le corps sera gardé jusqu'à la sépulture : et pour l'âme de chaque défunt ou défunte, tout prêtre sera tenu de dire une messe dans les huit jours qui suivront le décès. Celui qui saura le Psautier, dira cinquante Psaumes ; celui qui ne les saura pas, dira cinquante *Pater noster*, et à la fin de chacun, *Requiem æternam*. Mais à la fin de chaque année ou pendant l'année, tout prêtre dira trois messes pour les défunts ; ceux qui savent le Psautier, un Psautier ; ceux qui ne le savent pas, diront cent *Pater noster* avec le *Requiem æternam* à la fin de chacun. Et quant à ces Offices pour les défunts et aux autres Offices divins dont il est parlé dans la présente Règle, le soin en est imposé aux Ministres et aux Mères, afin qu'ils soient fidèlement acquittés.

CHAPITRE X.

De l'obligation de ce qui est renfermé dans la Règle

Toutes et chacune des choses contenues dans la présente Règle, ne sont que des conseils propres à diriger les âmes plus sûrement dans la voie du salut. Aucune n'oblige sous peine de péché mortel ou véniel, à moins que quelqu'un y soit déjà obligé par droit divin ou humain. Toutefois les Frères et les Sœurs sont

obligés de faire et accomplir les
pénitences qui leur seront im-
posées par les supérieurs, lorsqu'ils y auront été requis. Ils
sont aussi obligés aux trois vœux
essentiels : savoir de pauvreté,
n'ayant rien en particulier ; de
chasteté, telle qu'après le vœu ils
ne pourront contracter mariage
ni se souiller par rien de char-
nel, sans transgresser leur vœu;
d'obéissance à l'égard des choses
sans lesquelles cette Fraternité
ne peut se conserver. Seront
également tenues de garder la
clôture, les Sœurs qui l'auront

expressément vouée. Ce que nous accordons à tous et chacun des couvents, à condition que l'hospitalité et la charité qu'elles ont coutume d'exercer envers les malades n'en reçoivent aucune atteinte et demeurent dans l'ordre et l'honnêteté.

Donné à Rome, à Saint-Pierre, sous l'anneau du Pêcheur, le vingtième jour de janvier mil cinq cent vingt et un, l'an huitième de notre Pontificat.

L. D. M. F.

Ligugé. — Imprimerie Saint-Martin. 8 — 92

125

www.ingramcontent.com/pod-product-compliance
Lightning Source LLC
Chambersburg PA
CBHW051320060726

47596CB00004B/1407